刻在石头上的中华五千年

岩画上的遥远印记

煜程国际文化传播（北京）有限公司
苏州和云观博数字科技有限公司 /著　张云 /主编

天地出版社｜TIANDI PRESS

图书在版编目（CIP）数据

岩画上的遥远印记 / 煜程国际文化传播（北京）有限公司，苏州和云观博数字科技有限公司著；张云主编. 一成都：天地出版社，2023.1（2023.3重印）

（刻在石头上的中华五千年）

ISBN 978-7-5455-7298-8

Ⅰ.①岩… Ⅱ.①煜… ②苏… ③张… Ⅲ.①石刻—考古—中国—远古—秦代—儿童读物 Ⅳ.① K877.4-49

中国版本图书馆 CIP 数据核字（2022）第 195984 号

YANHUA SHANG DE YAOYUAN YINJI

岩画上的遥远印记

出 品 人	杨　政
总 策 划	戴迪玲
责任编辑	王　倩　刘桐卓
装帧设计	霍笛文
营销编辑	陈　忠　魏　武
责任印制	刘　元

出版发行	天地出版社
	（成都市锦江区三色路 238 号 邮政编码：610023）
	（北京市方庄芳群园 3 区 3 号 邮政编码：100078）
网　　址	http://www.tiandiph.com
电子邮箱	tianditg@163.com
经　　销	新华文轩出版传媒股份有限公司
印　　刷	北京雅图新世纪印刷科技有限公司
版　　次	2023 年 1 月第 1 版
印　　次	2023 年 3 月第 2 次印刷
开　　本	787mm×1092 mm 1/16
印　　张	3
字　　数	60 千字
定　　价	28.00 元
书　　号	ISBN 978-7-5455-7298-8

版权所有◆违者必究

咨询电话：（028）86361282（总编室）
购书热线：（010）67693207（营销中心）

如有印装错误，请与本社联系调换。

西安碑林博物馆编委会

- 主　　编：张　云
- 副 主 编：李　慧
- 编　　委：刘　艳
  　　　　　倪丽烨
  　　　　　白雪松

本书编委会

- 特约策划：徐燕明
- 执行主编：李　佳
- 特约编辑：李　佳　高艳花　张　莉
- 插　　画：李志关
- 美术编辑：刘　孟　卜翠红
- 视效编辑：李倩倩　吕文昊
  　　　　　周年琨　朱苏倩

AR 文物课开讲啦

本书精选 20 组文物，量身打造 20 节 AR 文物课。只需两步，古老的文物就会与崭新的 AR 技术相遇，让文物"动"起来！

01

用微信扫描二维码，进入本书的 AR 小程序；

02

识别有 的页面；或者点击左下角"臻品"，选取相关文物讲解；

AR 文物课开始了，听文物讲述自己的故事！

千千问和小旋风是双胞胎姐弟，要说他们有什么特别之处，那就是都很喜欢中国传统文化。这是为什么呢？原来，他们家里有个喜欢研究传统文化的爷爷！

看，这位一天到晚不停擦擦抹抹的，就是他们的爷爷。他珍藏了很多"宝贝"！每一个宝贝身上都隐藏着文化密码，等待人们破解。

有一天，爷爷接到朋友的邀请，要一起去博物馆看展览。

好的，我这就出发。

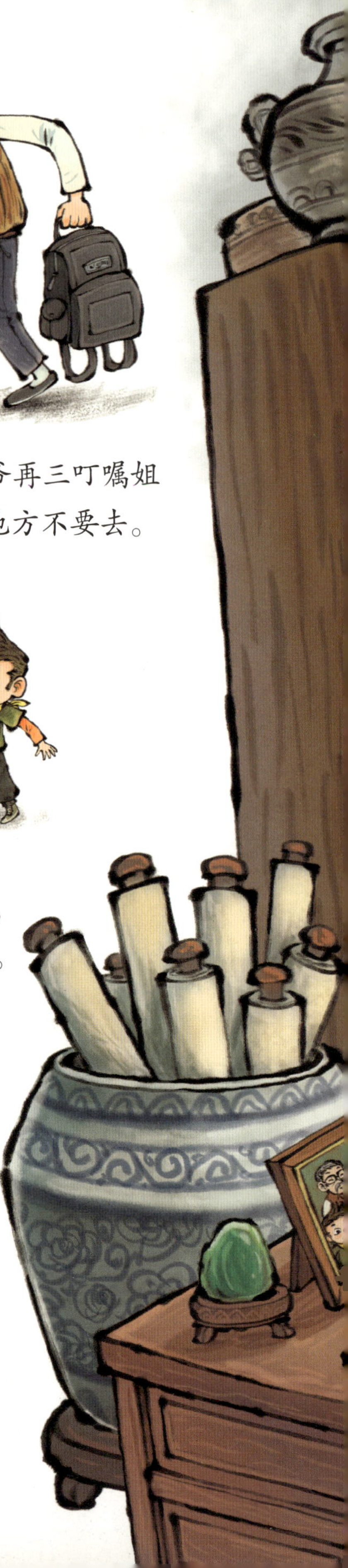

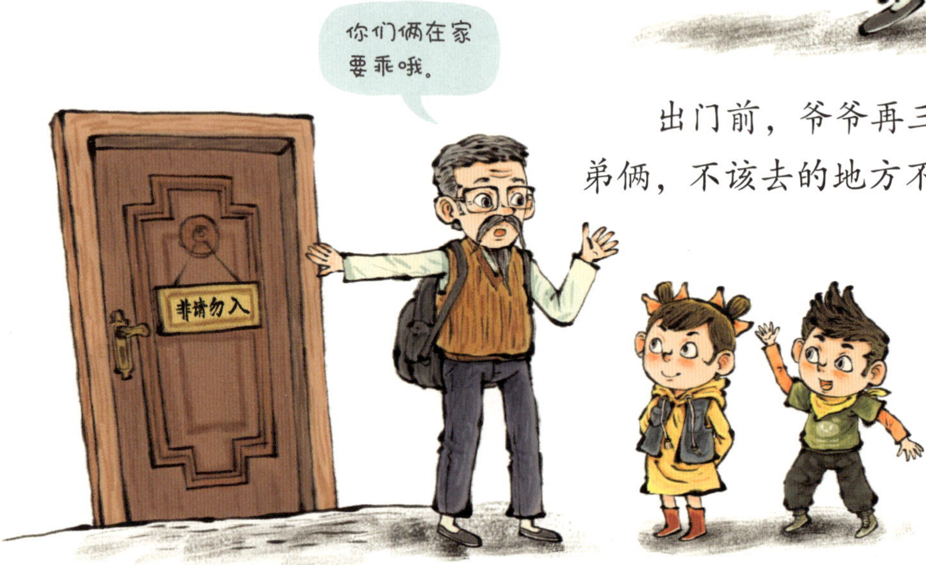

你们俩在家要乖哦。

出门前，爷爷再三叮嘱姐弟俩，不该去的地方不要去。

可是爷爷刚一出门，姐弟俩就按捺不住了，他们要利用这个机会去爷爷的藏品室里"寻宝"。

我早就发现了爷爷藏钥匙的地方！

你太机智了！

姐弟俩正准备好好研究一下这满屋子的宝贝，忽然，一件神奇的事情发生了，架子上的盒子打开了，里面飞出来一……一支"笔"？！

这位神笔五千岁居然也是爷爷收藏的一个宝贝！姐弟俩觉得太不可思议了。

为了证明自己和自己的家族，五千岁决定带着姐弟俩来一次特别的旅行，一起回到历史的长河里，感受中国文化发展的珍贵瞬间。

岩画上的图画记事

远古时代

远古时代（约200万年前—约前21世纪）石头是人类最先使用的工具之一。人们还把采集野果、打猎、种植粮食、舞蹈、祭祀等场景涂刻在石头上，这就是**岩画**，它们是我们了解远古生活的重要史料。远古时代末期，文字诞生了，中国自此进入文明时代。

第一站，五千岁带着姐弟俩来到了远古时代，他们看到在文字还没有诞生的时候，人们用结绳记事的办法来做记录。

今天运气真不赖，抓住一个大家伙！

我来打两个大结和三个小结。

今天的收获是两头鹿和三只兔子。

远古时代，鹿、羊、野猪等是原始人的主要猎取对象，其中的梅花鹿、羚羊等现在都是受国家保护的野生动物。

结绳记事

　　结绳记事就是通过打出一个一个绳结来记录事情的方法。打结的方法、结与结之间的距离、结的大小以及绳子的粗细都代表不同的意思。比如，大事打一个大结；小事打一个小结；相连的事打一串连环结。后来，人们还会利用植物的色彩把绳子染成不同的颜色，每种颜色代表一类事物。

　　看，人们还用图形、物品或者划痕来给绳结分类，比如圆形表示女人、羽毛表示男人、三条刀痕表示圈养的动物类别。

别人是在打结，你为什么全解开了？

我和朋友约定，每天解开一个结，绳结全部解开时，就是我们见面的日子。

有时候绳结太多了，我也会记混的。

这么多结，你都能记得是什么事情吗？

有问必答

　　目前，我们尚未发现远古时期留存下来的绳结，那如何确定结绳记事是真实存在的呢？

　　在周代典籍《易经》中，有"上古结绳而治"的记录，表示远古时期人们就是用结绳记事的方式来管理事务的。直到今天，我国的瑶族、哈尼族还保留着结绳记事的方法。

随着社会的发展，需要记录的事情越来越复杂，虽然绳结的形式也越来越多，但还是满足不了人们的需要。这时候，人们开始用简单的图画来帮助记忆。这些图画一般被刻画在石头、岩壁、骨头等物体上。

图画记事对之后象形文字的产生有促进作用。

穿越万年的图画

早在远古时代,人们就会用绘画的方式来记录他们的生活和思想了。只不过那时候的画通常是涂画、磨刻在石头上,因此岩石成为最早的绘画载体。

由于岩石耐磨损,可以保存很长时间,所以直到现在我们依然能在世界很多地方发现一些古老的岩画。可以说,在文字诞生之前,岩画就是人类最早的文献记录,这些岩画向人们讲述着石器时代的生活。

> 大胆想象一下，这幅岩画里的颜料是哪里来的呢？

沧源崖画

基本信息
时代：新石器时代晚期（约 3000 年前）
发现地：云南省沧源县

爱美之心，人皆有之

看，画面下方两个人的头上装饰着很多羽毛。即使是在物质匮乏的石器时代，人们还是会就地取材，装饰自己。除此之外，画面上还有做出不同动作的人群，有些人手里还拿着矛。

颜料从哪里来？

聪明的古人将赤铁矿粉和动物血液调和，制成颜料，进行绘制。

崖画记录了谁的故事？

沧源崖画记录了新石器时代晚期佤族先民的生活。崖画多为狩猎场面，也有表现祭祀、舞蹈和战争等场面的内容，从这些画面可以推断出当时佤族人的宗教信仰、生存状况及社会活动。

说到比结绳和图画更有效的记录方法，那应该就是文字了。五千岁带着姐弟俩来探寻文字的起源，说起来，文字的诞生还受到了图画的启发呢。

相传，在统一华夏之后，黄帝发现结绳和图画都不能满足当时记录的需要。他命令史官仓颉（jié）来想想办法。

这天，仓颉正在冥思苦想，忽然，天空中飞过一只凤凰，凤凰嘴里叼着的东西掉落在仓颉面前。仓颉发现上面有一个蹄印。

仓颉看了好久也没认出这是什么动物的蹄印。仓颉询问路过的猎人，猎人一眼认出那是貔貅（pí xiū）的蹄印，与其他野兽的蹄印是不同的。

这件事给了仓颉灵感。他领悟到万事万物都有自己的特征，如果能抓住这个特征，再用图画和符号表现这个特征，不就能代表这个事物了吗？

于是，仓颉画出了很多的符号。比如，将太阳简化成圆圈，月亮则用月牙儿的形状勾出。象形文字就这样诞生了。

你们学会后，要把这些文字教给天下百姓！

黄帝看着仓颉创造的这些文字，听着仓颉讲述它们表达的意思，感到非常高兴。为了让更多的人都能使用文字，黄帝召集来九州酋长，让他们向仓颉学习这些文字，再将文字带回去传播给族人。就这样，一传十，十传百，越来越多的人开始使用文字。

据说仓颉有"双瞳四目"，这在传说中是圣人的象征。

你们认得这些字吗？

那我猜，这是"鱼"和"鸟"吧！

象形文字，看着像什么就是什么。

文化卡片

据说，仓颉造字成功后，万众欢腾，还感动了上苍。上苍下了一场谷子雨，后来老百姓把降谷子雨这天称为"**谷雨**"，"谷雨"成为二十四节气之一。直到今天，还有很多地方会在谷雨这一天举行纪念仓颉的活动。

仓颉造字的功绩不仅感动了上天，更是赢得了人们世世代代的尊敬。因此，和仓颉相关的文物也有不少。

仓颉庙碑

基本信息

时代：东汉延熹五年（162）

尺寸：高147厘米，宽79厘米

收藏地：西安碑林博物馆

文物来源：原立于陕西省白水县史官镇的仓颉庙

你好，造字圣人

汉字对于中华文明的延续和传播至关重要，而被称为"造字圣人"的仓颉也一直被后世敬仰。一千多年前，汉朝人为仓颉建立庙宇时立下了这通碑。碑文颂扬了仓颉的德行和创造文字的功绩。

碑上的圆洞洞

这个圆洞洞叫作"碑穿"，它的出现和碑的作用密切相关。

春秋时期，碑是庙里拴牲畜用的石桩子，碑穿在阳光下投出的影子可以用来推算时间。战国时期，贵族的墓穴很深，棺木要用辘轳系绳缓缓放下，碑就是装辘轳的支架，碑穿是安装辘轳的位置。当人们在碑上刻上思念逝者的文字，碑就有了纪念的意义。后来，碑穿演变为一种装饰。

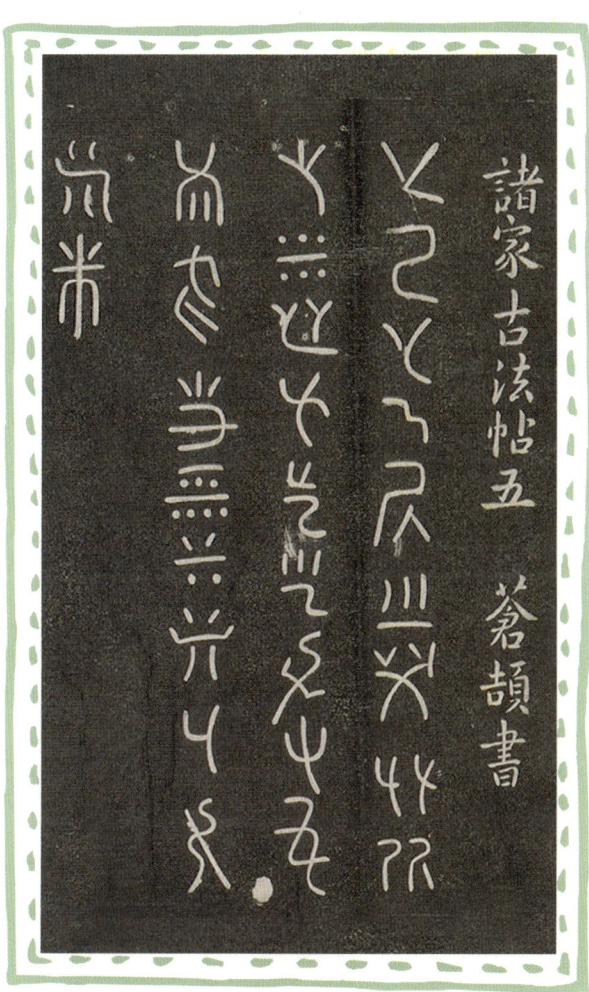

仓颉书帖

> **基本信息**
>
> 时代：北宋淳化三年（992）
>
> 尺寸：高26厘米，宽34厘米
>
> 收藏地：西安碑林博物馆
>
> 文物来源：收录在《淳化阁帖》中

仓颉造的字到底什么样？

传说《仓颉书帖》上这二十八个奇怪的"符号"就是由仓颉创造的文字，也是目前保存下来的最古老的文字。宋朝蔡京认为碑上写的是：戊己甲乙，居首共友，所止列世，式气光名，左互爻家，受赤水尊，戈茅斧带。这些内容讲的是黄帝战胜炎帝和蚩尤的功绩。但直到现在，人们对仓颉书的释文依然有争议。

依据专业人士的分析，我们以其中几个字为例，一起来看汉字是如何变成了我们认识的样子！

汉字变变变

仓颉书	甲骨文	金文	小篆	隶书	楷书
			戊	戊	戊
			己	己	己
			甲	甲	甲
			乙	乙	乙
			居	居	居
			首	首	首

在龟甲和青铜上雕刻时光

夏商西周　夏商西周（约前21世纪—前771年）夏朝是中国历史上的第一个朝代。夏朝之后是商朝和周朝。商朝文明的主要代表是**甲骨文**和青铜文化。伴随着礼乐文化逐步走向繁荣，周朝前期的西周创立的礼乐制度奠定了中国文化的基调。这个时期的礼器十分发达，**青铜器**和**玉器**就是其中的代表。

有了文字，人们就可以把事情更清楚、准确地记录下来。可是，这些重要的事情会被神笔家族记在什么地方呢？很快，姐弟俩在一些龟甲、骨头和青铜器上找到了答案。

青铜是铜、锡和铅按一定比例熔铸而成的合金。青铜熔点低，质地硬，铸造性能好，比纯铜更方便使用。**青铜器**刚制作出来的时候是金黄色的，经过数千年的氧化，表面出现了一层青灰色的锈，所以现代人叫它青铜器。

文化卡片

甲骨文是记录在龟甲和兽骨上的文字。甲骨文的字体线条挺拔爽利,很有立体感,具有对称美的特点,还带有象形图画的痕迹。甲骨文是我们研究商朝的珍贵史料。

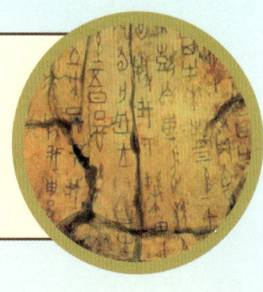

> 还会写甲骨文,神笔家族是不是很厉害?

> 帮我算算,这次期末考试能得多少分?

> 五千岁,这支笔也是你的前辈吧?

最早出现的**甲骨文**是商朝后期统治者的占卜记录。当时的王室比较迷信占卜,大事小情都要卜问。负责占卜的官员会用火灼烧龟甲,根据龟甲上烧出的裂纹判断吉凶,然后将结果写成卜辞,刻在甲骨上备查。

大玉戈

玉戈主要用于古代高级贵族的仪仗之中,象征着权力和地位。这柄商代大玉戈是目前出土的玉戈中最大和最长的一件,被誉为"玉戈之王"。

除了在龟甲上刻写文字，从商到周，人们还喜欢在青铜器上铸刻文字。青铜可比龟甲坚硬多了，人们是怎样把文字刻在上面的呢？带着这个疑问，姐弟俩实地观摩了青铜器的制作过程，不禁惊叹于古人的智慧。

这个时期的神笔家族不仅擅长甲骨文，还擅长你们看到的这种金文。

快看，鼎的内壁上有文字！看着和甲骨文不太一样。

这些文字横行、竖行好规整，就像写在画好的格子里。

范铸法

1. 在陶土做的模子上绘制纹饰、写上铭文，然后烘干。

2. 把陶泥敷在模子上按压，让模子上的纹饰、铭文反印在陶泥上，形成外范。待晾至半干后，将外范切割与模子分离。

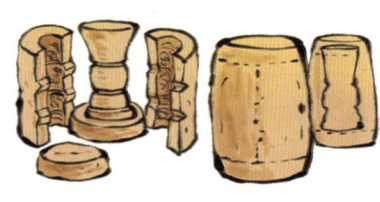

3. 把模子外表刮去一层，放在外范里做内范，合拢外范。

有问必答

你能认出下面的金文吗?快来连一连吧!

宅　天　国　王　中

国宝连连看

作册般青铜鼋（yuán）鼋是一种爬行动物,外形像鳖。鼋背甲上记录着:一天,商纣王在洹水渔猎,发现一只鼋。商纣王和作册般向鼋射了四支箭。

利簋（guǐ）迄今能确知的最早的西周青铜器。利簋上记录了武王伐商的"牧野大战",为商、周两代的划分提供了重要的年代依据。

何尊　一个叫何的贵族制作的祭器,是西周初年第一件有纪年的青铜器。尊内底部铭文中的"宅兹中国",是"中国"这个词最早的记载。

　　周朝也称铜为金,所以青铜器上的文字被称为**金文**,也叫作钟鼎文。最初的金文字数很少,多是记录青铜器主人的名字。后来金文重点用于记录跟天子有关的事情。慢慢地,一些和王公贵族有关的事情也有了记录,比如一些战功、乐谱的音阶等。

4.在外范和内范之间注入铜液,等铜液凝固后,打碎内外陶范,取出青铜器。

27

孔子是我国春秋时期伟大的思想家、教育家、政治家,儒家学派创始人。孔子修订了我国第一部编年体史书《春秋》。孔子的言行思想主要记载于语录体散文集《论语》中。

简牍、石鼓上的记忆

春秋战国　春秋战国（前770—前221）中国历史上的一段大分裂时期，也是一个百家争鸣、学术风气活跃的时代，很多伟大的思想家著书立说，并将社会思想的变革和主张记录在 简牍 之上。时至今日，我们仍然可以通过这些著作与先贤对话。同时，在石头上刻写文字也始于这一时期，石鼓 就是留存至今的石刻瑰宝。

有价值的思想都值得被记录和传播。可是，数量有限的龟甲和昂贵笨重的青铜器显然不是理想的记录载体。在大教育家孔子的课堂上，千千问和小旋风找到很多写着字的竹片和木板，中国最早的书册就是用它们连缀而成的。

写有文字的竹片和木板分别称为简和牍。**简牍**就是春秋时期大量使用的文字载体。把很多的简用绳子编连在一起，就成了简册。简牍的出现，让很多思想家的著作得以保存和流传。

有问必答

《论语》里的名言

学而时习之，不亦说乎？有朋自远方来，不亦乐乎？人不知而不愠，不亦君子乎？

学而不思则罔，思而不学则殆。

敏而好学，不耻下问，是以谓之文也。

知者乐水，仁者乐山；知者动，仁者静；知者乐，仁者寿。

有了书，各种思想的传播更加便捷，思想之间的交流与碰撞日益增多。

春秋战国时期涌现出一批学术大师，不同学说百家争鸣。除了以孔子、孟子为代表的儒家，还有以老子、庄子为代表的道家，以墨子为代表的墨家，以韩非子为代表的法家等。

先秦时期的诸子百家

- 儒家思想的核心是"仁"，主张以德治国、爱惜民力、克己复礼。
- 道家崇尚自然，主张顺应自然、清静无为、以柔克刚。
- 墨家主张"兼爱""非攻"。"兼爱"就是反对压迫、尽力帮助别人，"非攻"就是反对不义的掠夺战争。
- 法家主张"法治"，用严酷的刑罚镇压反抗，巩固国家的统治。

木牍加工相对简单，只需要把木头制成平整的木板，即可在上面书写。

竹子因水分含量高，易腐朽生虫，加工前需要在火上烘烤。烘烤时，青竹内的水分挥发出来，就像在"出汗"，所以竹简也被称为"**汗青**"。

如果不小心在简牍上写错了字，可以用书刀将墨迹刮去重写。因此，经常需要书写的文吏会随身携带笔和刀，他们又被称为"**刀笔吏**"。

在春秋战国时期,最著名的思想家就是孔子和老子。五千岁带着姐弟俩见证了孔子和老子的一次会面。

老子是我国春秋时期伟大的思想家、哲学家、文学家,道家学派创始人。他撰写的《道德经》对中国哲学的发展有很大影响。

据说,孔子还曾经拜访过老子,向老子请教过礼。有画像石和壁画描绘了这一历史事件。

> **文化卡片**
>
> **学富五车**
>
> 与纸相比,简册要重得多,大量搬运时,需要用车来运载。因此,古人常以"学富五车"来形容一个人的博学多才。

孔子像刻石

基本信息

时代：清雍正十二年（1734）
尺寸：高 295 厘米，宽 113 厘米
收藏地：西安碑林博物馆
文物来源：西安碑林博物馆

有身份的碑主人

果亲王允礼是康熙帝的第十七个儿子，这幅孔子像就是他绘制的，碑额写着篆书"至圣先师像"五个字。

和你想象的孔子一样吗？

这幅孔子像属于线刻画法，碑上人物栩栩如生。孔子头戴发冠，浓眉长须，仔细看，他的额头上还有三道皱纹，看上去十分慈祥温和。

国宝有话说

己所不欲，勿施于人。

> **基本信息**
>
> **时代：** 东汉（25—220）
> **尺寸：** 高 88 厘米，宽 33.5 厘米
> **收藏地：** 西安碑林博物馆
> **文物来源：** 出土于陕西省绥德县刘家沟

孔子见老子

墓室里的另一个世界

　　画像石是古人在墓门、墓室等建筑上雕刻画像的石制构件，具有装饰、加固、镇宅等功能。画像石的内容主要有生产劳动、墓主生活、祥瑞物象、神话故事、历史故事等主题，以图像的形式表达了古人向往富足生活和成仙升天等美好愿望。这个画像石的上方是孔子见老子的场景。

谁是孔子，谁是老子？

　　孔子是晚辈，孔子来拜见老子，向他请教问题，所以孔子是不能空着手来的。观察画面最上方，左右两边的人都在施礼，但右边的人手上拿着礼物，所以这个人是孔子。

古代也有滑板车吗？

　　孔子和老子中间还有一个推车的小孩，不过这不是滑板车，而是"鸠车"（古代的一种玩具车）。这个小孩正抬着头，似乎在向孔子提问。他是莒（jǔ）国的神童，被孔子视为老师的项橐（tuó）。

为何要学习水的德行呢？

因为水能以柔克刚。

见过孔子和老子之后,五千岁还要带姐弟俩去见一位著名的爱国诗人——屈原。

我国首个火星探测器就被命名为"天问一号",这个"天问"就出自屈原的长诗《天问》。在这首诗中,屈原提出一百多个关于天文、地理和历史等方面的问题。可见,中国人自古就对宇宙有着探索的热情。

屈原是战国后期的楚国贵族,他主张变法,受到权贵的诽谤,被流放汉北。公元前278年,屈原得知秦兵攻破楚国都城,悲痛万分,决心以死殉国。这年五月初五,屈原在汨罗江抱石投江而死。为使鱼虾不伤屈原,人们将粽子投入江中,让鱼虾抢食。后来,农历五月初五这一天逐渐演变为我国的传统节日——端午节。

文化卡片

屈原是一位伟大的诗人，他运用浪漫主义的手法，创作了《离骚》《九歌》《天问》等作品。这些作品中有屈原的崇高理想，有他对楚国的热爱之情、对腐朽旧贵族的愤怒之情，还有对自然现象的怀疑和困惑。屈原兴起了新的诗歌体裁"骚体"，也叫"楚辞体"。骚体句式长短不拘、参差错落，语言上楚地的方言词语大量涌现，"兮"字作为叹语是楚辞的一个鲜明标志。

我们神笔家族不仅记录人类已经想明白的事情，也把没想明白的记下来了，留待后人去寻找答案。

我也要把自己的思考记下来。

这里有些问题，在现代已经有科学的答案了。

天地尚未成形之初，又从哪里得以产生？
月中黑点那是何物，是否兔子隐中藏身？
东西南北与地交会，哪边更长哪边更多？
天在哪里与地交会，黄道是样十二等分？
月亮有宿什么德行，竟能死了又再生？
东方开宿还没放光，太阳又在哪里匿藏？

多亏了文字和简册，咱们才能知道2500年前人们的思想。

春秋战国过后，有大人物要登场喽！

文字统一与巡游刻石

秦朝 秦朝（前221—前207）中国历史上第一个大一统的封建王朝。秦朝时，石刻数量增多、内容广泛，最具代表性的就是在秦始皇五次巡游背景下诞生的几块碑石，这些碑石记录了秦始皇的功绩和当时的各项制度。此时，刻石具有了**档案**的性质。后来，历代都把**刻石**作为发布政策、记载国家大事的首选，以期能流传后世。

说到秦朝的头号大人物秦始皇，姐弟俩并不陌生，阿房宫、长城，这些都和他有关系。作为中国历史上第一个皇帝，他都做了什么，留下了什么？跟着五千岁一起到秦朝来看看吧。

秦始皇（前259—前210），姓嬴，名政，中国第一位皇帝。

他将三皇五帝中的"皇"与"帝"合称为"皇帝"，自称"始皇帝"。

他规定只有皇帝才能自称"朕"，他的印章专称为"玺"。

有问必答

秦始皇为什么穿黑色龙袍？

古代龙袍并非只有黄色。秦始皇身穿黑色龙袍是按五行推测出来的。据说，秦是水德，周是火德，水能克火，而水属黑色。

为了阻止北方游牧民族匈奴人南下，秦始皇派大将蒙恬北击匈奴，还下令把秦、赵、燕三国的长城连接扩建，形成西起临洮、东至辽东的**万里长城**。这一雄伟的建筑见证了长城内外的漫长军事对抗，其本身也成为世界八大奇迹之一。

前222年灭燕 燕

前228年灭赵 赵

前225年灭魏 魏

前221年灭齐 齐

前230年灭韩 韩

前223年灭楚 楚

统一中国

战国时期，中原有七个大的诸侯国，分别是齐、楚、燕、韩、赵、魏、秦。秦始皇统一六国，建立了中国历史上第一个中央集权制国家。

郡县制

秦始皇听从李斯的建议，用郡县制代替了周朝的分封制。全国分为三十六个郡，郡相当于现在的省，下设置县，郡守和县令由皇帝直接任命。至此，秦朝成为中国历史上最早在全境推行"郡县制"的朝代。

秦始皇不仅把这些诸侯国统一在一起，还做了很多统一的事情。

六国统一之前，各个诸侯国的生活是彼此独立的。如果一个楚国的商人想把布料卖到秦国，他首先会发现：自己的货车在秦国的道路上行驶艰难；他的一匹布料用秦国的算法，长度和重量也不一样了；因为两国的文字不同，他和秦人交流起来也很费劲；连同他在秦国收到的钱，回到楚国也花不了。

秦始皇统一六国后，制定了统一的国家规范和法令，这些困难都迎刃而解，原属不同诸侯国的人们可以顺畅地一起生活了。

有了"车同轨"，马车可稳当了。

统一车轨

秦朝将车辆上两个轮子之间的距离统一为六尺，这样车道也就得以统一，这就是"车同轨"。

统一文字

秦始皇下令"书同文"。丞相李斯等人以秦国文字为基础创造出"秦篆"，又称"小篆"，是官方推广统一使用的规范文字，中国文字终于实现了统一。

七个国，七种文字，我眼睛都要看花了！

所以说"书同文"太重要了！

统一度量衡

　　秦始皇规定以秦制为基础，统一度量衡，所有度量衡用器由国家统一监制。度量衡的统一，促进了经济的发展。

统一货币

　　秦朝统一使用半两钱作为流通货币，它那圆形方孔的样式象征着天圆地方。在秦朝，黄金为上币，单位是"镒"（yì）（合二十四两）；铜钱为下币，单位是"半两"。秦朝一两大约十六克，不到现在一两的三分之一。

文化卡片

小篆的特点

整体为长方形；笔画横平竖直，圆劲均匀，粗细基本一致；整体比较平衡对称；字形上紧下松。

《仓颉篇》

为了更好地推广小篆，实现书同文，李斯编写了一本启蒙识字课本《仓颉篇》，共二十章。

有趣的货币

秦国圆钱：外圆内方，象征着中国人做人做事的道理。中间的小孔可以用绳子串起来，便于携带，还不易丢失。

燕国明刀　　楚国的"蚁鼻钱"，　　赵国尖足布
　　　　　　也叫"鬼脸钱"

齐国刀币　　魏国桥足布　　韩国方足布

统一后的秦朝疆域空前扩大，东到大海，西到甘肃，北到辽宁，南到广东。要在全国范围内快速传递信息、运输货物，需要有四通八达的道路。所以，秦始皇开启了一项当时的超级工程——修路！

想不想看看两千多年前的"高速路"什么样？说不定你会和姐弟俩一样大吃一惊。

为了抵御北方匈奴的侵扰，秦始皇命令大将蒙恬率众修筑了一条南北长达七百多公里的军事通道，由咸阳西北到位于今内蒙古包头的九原郡。这条道路大体南北相直，所以称"**直道**"。

秦始皇下令拆除了之前各国修筑的关塞、堡垒等障碍物，修建了以首都咸阳为中心的驰道。可以说，这是中国历史上最早的"**国道**"。

西方道

秦直道

临晋道

武关道

秦栈道

蒙恬的故事多着呢！

想不到蒙恬大将军还会修路呀！

快给我们讲讲吧。

文化卡片

蒙恬是秦朝名将，曾率三十万大军击退匈奴。他受秦始皇之命监修长城，将战国时期的秦长城、赵长城和燕长城连接起来，形成了西起临洮东到辽东的"万里长城"。甚至，连毛笔的改良都和他有关系。

相传有一天，蒙恬打了几只野兔，他发现兔子尾巴粘着血水在地上拖出了弯弯曲曲的痕迹。受此启发，他利用兔尾制作毛笔，改良了毛笔的制作工艺。

上郡道

东方道

秦驰道 路面幅宽六十九点三米；路基要高出两侧地面，以便排水；每隔七米种一棵树；路的中央部分专供皇帝使用。

滨海道

这个尾巴要是拿来写字，肯定很好用。

路修好了，出行更容易了。秦始皇迫不及待地开始到各地巡游。秦始皇用十年的时间走遍了大半个中国，既宣扬了自己的威德，也实地考察了各地的军事和政务。他"到此一游"的故事可是有刻石为证的，说到这里，五千岁又要为记录这些重大事件的神笔家族自豪了。

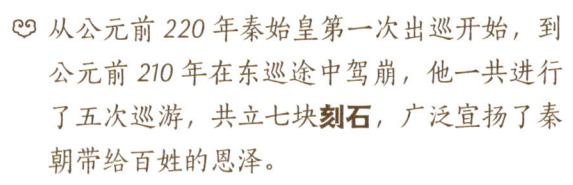

- 从公元前220年秦始皇第一次出巡开始，到公元前210年在东巡途中驾崩，他一共进行了五次巡游，共立七块**刻石**，广泛宣扬了秦朝带给百姓的恩泽。
- 秦始皇"以示强，威服海内"的**巡游**，被后世很多皇帝效仿，比如汉武帝刘彻、隋炀帝杨广、清圣祖爱新觉罗·玄烨等。
- 公元前219年，秦始皇到泰山举行**封禅**大典，表示自己是受命于天，并在山顶刻石。

都怪他们父子俩对百姓太残暴了！

秦朝灭亡

不过，泰山封禅和宣扬功德并不能保佑秦朝。相反，繁重的徭役、沉重的赋税以及残酷的刑罚，这些暴政激起了百姓的反抗，最终导致秦朝在秦二世时就灭亡了。

看到这些刻石，大家就知道是秦始皇"到此一游"了。

他把自己的功绩刻在石头上，也是想让自己万古流芳。

▌文化卡片

"登于绎山，群臣从者，咸思攸长。追念乱世，分土建邦，以开争理。"

——出自《峄山刻石》

刻石取材容易，便于保存，字数限制更小，时至今日还有生命力，而甲骨、青铜器、简牍则已被淘汰了。

基本信息

时代：北宋淳化四年（993）

尺寸：高218厘米，宽84厘米

收藏地：西安碑林博物馆

文物来源：北宋郑文宝用徐铉摹本刻成

国宝有话说

秦始皇到此一游

公元前219年，秦始皇在去泰山之前，先到了山东峄山。他将自己统一天下，废分封、立郡县的功绩刻在石碑上，这就是秦刻石中最早的一块——《峄山刻石》。石碑内容前面144字是秦始皇的诏文，后边的79字为秦二世的诏文。

珍贵的"赝品"

原碑是秦朝丞相李斯书写的，唐朝时被烧毁。现存的这通碑是北宋郑文宝用徐铉摹本刻成。秦始皇五次巡游，途中七次刻石，这些刻石有的早已消失，有的只留下片石只字，只有最早的《峄山刻石》通过后人的重刻，使我们可以看见秦小篆的风采。

学小篆认准"李斯牌"

从《峄山刻石》可以看出，李斯的书法运笔坚劲畅达，线条圆润，结构匀称，点画粗细均匀，既具图案之美，又有飞动之势，唐张怀瓘将李斯的小篆称为"神品"。如果你想学习小篆，不妨从临摹李斯的书法开始。

峄山刻石

秦二世的诏文内容还是彰显秦始皇的功德。

秦二世可比秦始皇差远了!

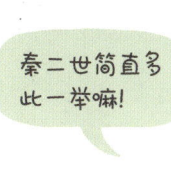

秦二世简直多此一举嘛!

了不起的石头

人类的生活离不开石头。从最初人们用石头制作各种各样的工具，到用石头建造宫殿、庙宇、陵墓和防御工程等建筑，再到分布世界多地的岩画、石头雕塑，以及承载着古老记忆的碑刻，石头默默伴随着人类文明的诞生和发展。

在世界各地，人们或早或晚都选择过用石头作为文字的载体。

基本信息

时代：秦至今
地位：世界自然与文化遗产
文物来源：山东省泰安市泰山风景区

什么是摩崖石刻？

摩崖石刻是指在山崖石壁上所刻的书法、造像或者岩画。泰山摩崖刻石源于秦始皇时期的《泰山刻石》，从秦朝到当代两千多年，各代都有石刻流传下来。

中华文明的"耀眼明星"

泰山石刻留存广泛且数量众多，其中摩崖石刻一千多处，碑刻五百多处，记录了中华文明史上不同时期的书法艺术，具有很高的历史档案价值，被誉为中华五千年文明史的一部"石书巨典"。

因为人们意识到，石头更适合刻写那些希望使之万世流传的文字。中国也不例外。

刻在石头上的字或画都称为石刻，包括石碑、摩崖石刻、造像、画像石等不同种类。古人把刻着文字或图画的长方形刻石都叫作碑。碑的种类很多，有功德碑、庙碑、墓碑、纪念碑、诗碑等。

泰山摩崖石刻

秦石鼓

基本信息

时代：前 476—前 221
尺寸：高 90 厘米，直径 60 厘米
收藏地：北京故宫博物院
文物来源：发现于陕西省凤翔县

> 有个石鼓曾经还被当成了磨刀石。
>
> 国宝的命运太悲惨了！
>
> 真是令人心痛啊！

国宝有话说

石鼓不是鼓

石碑不只有方形的，还有圆形的。因圆形的石头形状像鼓，后人称圆形石碑为石鼓。

天下第一鼓

中国最有名的石鼓是被称为"天下第一鼓"的秦石鼓。秦石鼓共有十块，材质为花岗岩。因为它们身上刻凿的文字十分珍贵，从古至今都备受追捧，不少帝王都想要拥有，将它们作为盛世的装饰。

中国最古老的石刻文字

石鼓上的文字使用的是秦始皇统一文字前的大篆，内容记叙了秦国君主游猎的十首诗，所以也叫《猎碣》。秦石鼓被康有为称作"中国第一古物"，上面的文字被誉为"篆书之祖"。